Lernkrimi Deutsch

Tödliches Geheimnis

Autorin: Andrea Ruhlig
Illustrator: Stephan Hagenow

Lernkrimi Comics erhältlich in vier weiteren Sprachen:

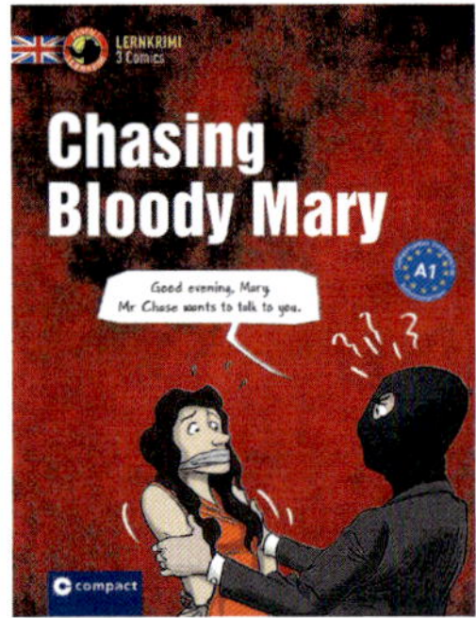

ISBN 978-3-8174-1655-4

ISBN 978-3-8174-1656-1

ISBN 978-3-8174-1657-8

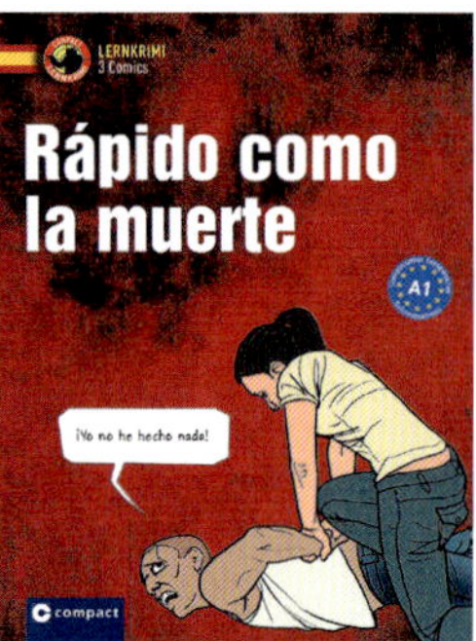

ISBN 978-3-8174-1658-5

Weitere Informationen zu Compact Lernkrimi Comics finden Sie am Ende des Buches und unter www.lernkrimi.de.

Baierbrunner Straße 27, 81379 München
Ausgabe 2018

Redaktion: Anke Fischer
Fachkorrektur: Manuela Tiller
Produktion: Ute Hausleiter
Lernkrimi-Logo: Carsten Abelbeck
Gestaltung: textum GmbH
Umschlaggestaltung: red.sign GbR, Stuttgart

ISBN 978-3-8174-1654-7
381741654/2

www.compactverlag.de, www.lernkrimi.de, www.facebook.de/lernkrimi

Vorwort

Liebe Leserin, lieber Leser,

sicher zum Lernerfolg – mit Spaß und Spannung! Die Compact Lernkrimis mit ihrer Kombination aus fesselnder Lektüre und didaktischem Übungsanteil eignen sich hervorragend, um breite Sprachkompetenzen in der Fremdsprache zu erwerben. Der Lernende wird dabei durch die spannende Handlung, das angemessene Sprachniveau und den stetig ansteigenden Schwierigkeitsgrad der Übungen gefördert und motiviert. Entwickelt nach neuesten Erkenntnissen der Fremdsprachendidaktik sind Compact Lernkrimis das ideale Medium für einen Lernerfolg im Selbststudium. Durch die kleinen Texteinheiten und den hohen Übungsteil sind sie aber auch als Unterrichtslektüre bestens geeignet.

So lernen Sie mit Compact Lernkrimi Comics:

- **Mit Begeisterung lernen:** Die packende Krimihandlung motiviert Sie beim Lesen des deutschen Originaltextes.
- **Wissen intensivieren und erweitern:** Durch die Kombination aus didaktisch aufbereiteter Lektüre und textbezogenen Übungen testen und trainieren Sie Ihre Sprachkenntnisse effektiv. Vokabelangaben auf jeder Seite unterstützen Sie beim Lesen.
- **Systematisch lernen:** Knüpfen Sie an Ihr individuelles Sprachniveau an und setzen Sie sich eigene Lernziele.
- **Visuelles Lernen:** Inhalte leichter verstehen mit Comics.
- **Unabhängig sein:** Lernen Sie individuell – wo und wann immer Sie wollen.

Viel Spaß beim **spannenden Erlernen der deutschen Sprache**
wünscht Ihnen

Prof. Dr. Christiane Neveling
Didaktik der romanischen Sprachen, Universität Leipzig

Das Ermittlerteam

Kommissar Antonio Markis, genannt Toni, 52 Jahre alt, geschieden. Er redet nicht viel und arbeitet gerne allein. Oft bekommt er die schwierigen Fälle. Er glaubt nicht an einfache Lösungen. Nach der Arbeit trinkt er gerne ein Bier und beobachtet dabei die Leute.

Katja, 47 Jahre alt, im Moment Single, Wirtin in der Kneipe „Zum Blauen Engel“.
In ihrer Kneipe treffen sich die Menschen aus dem Viertel, denn hier ist immer etwas los. Deshalb kennt Katja viele Leute. Sie hat immer ein offenes Ohr für die Sorgen und Probleme ihrer Gäste.

Inhalt

Tödliches Geheimnis

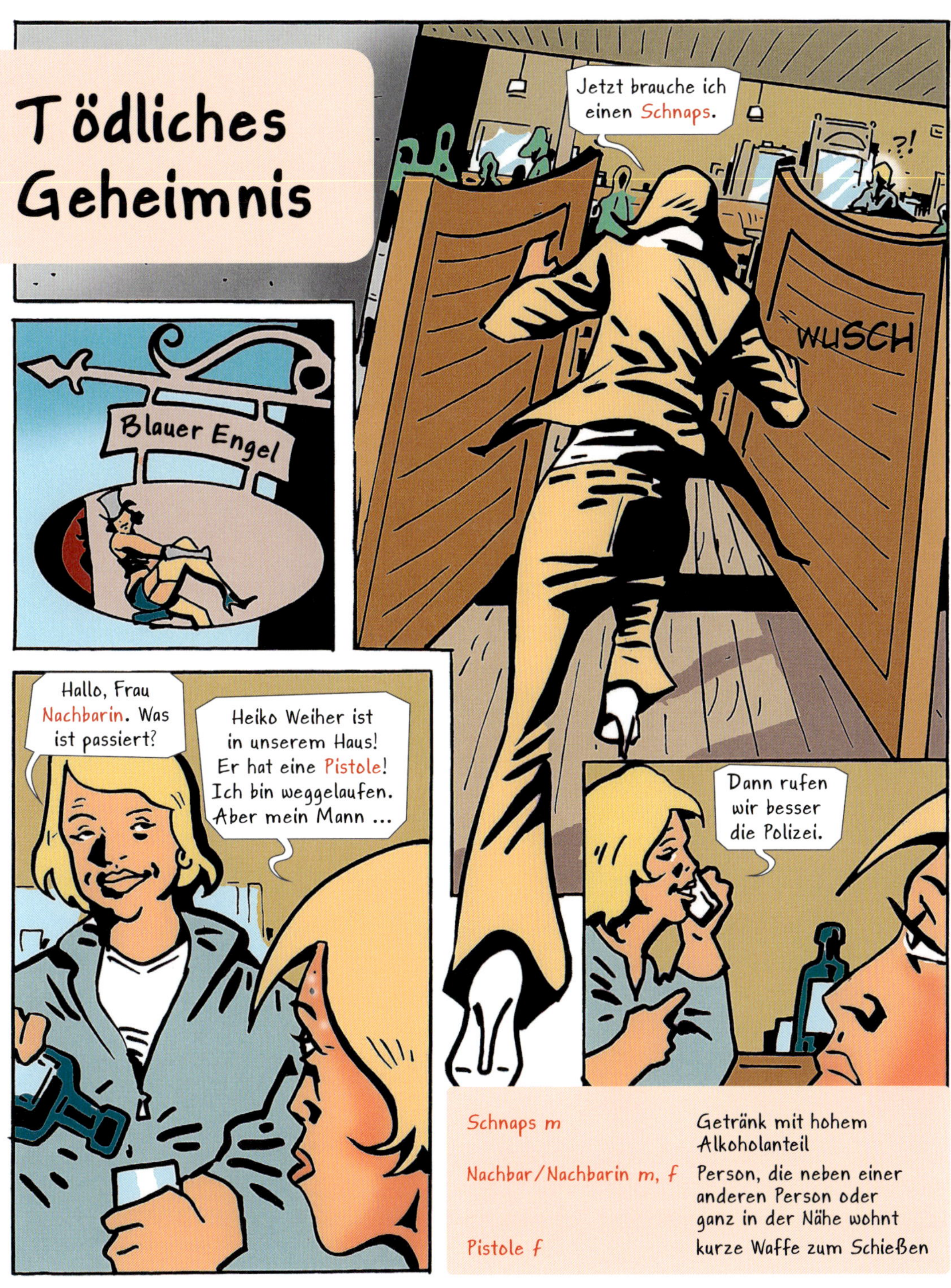

Schnaps *m*	Getränk mit hohem Alkoholanteil
Nachbar/Nachbarin *m, f*	Person, die neben einer anderen Person oder ganz in der Nähe wohnt
Pistole *f*	kurze Waffe zum Schießen

Hier spricht die Polizei. Sie haben keine Chance. Nehmen Sie die Hände hoch und kommen Sie heraus.

Wir stehen hier jetzt seit fast einer Stunde. Da passiert nichts mehr. Los, wir gehen rein.

?!

RUMMS

Und? Wie sieht es da drinnen aus?

Hier liegen zwei Tote. Beide wurden erschossen.

Chance *f*	Aussicht auf Erfolg
drinnen	in einem Raum oder Gebäude
Tote *m, f*	Person, die tot, gestorben ist
erschießen	mit einer Schusswaffe töten

Fragen Sie bei den Nachbarn. Vielleicht hat jemand etwas gesehen oder gehört. Ich rede mit Frau Vogt.

Richter/ Richterin *m, f*	Person, die in einem Prozess vor Gericht entscheidet
Rechtsanwalt/ Rechtsanwältin *m, f*	Person, die jn. in rechtlichen Fragen berät
Spurensicherung *f* *(kein pl)*	Abteilung bei der Polizei, die Spuren findet, untersucht und dokumentiert
eindeutig	klar, deutlich

plötzlich	schnell und unerwartet
Arbeitszimmer *n*	Zimmer in einer Wohnung oder in einem Haus, das als Büro genutzt wird
seitdem	seit einem bestimmten Moment, von diesem Moment an bis jetzt

Streit *m*	ernste Differenz, z. B. zwischen Personen
besorgt	voller Unruhe und Angst
Deckel *m*	siehe Infokasten auf S. 21

Urteil *n*	Entscheidung bei einem Fall vor Gericht
Fall *m*	Angelegenheit (z. B. von der Polizei oder von der Justiz)
durchsuchen	in einem bestimmten Bereich gründlich suchen
Erlaubnis *f*	Genehmigung; bestätigt, dass man etwas machen darf
↯ quatschen	reden, sich unterhalten
gelaunt sein	in einer Stimmung sein

Ein paar Stunden später.

KLIRR

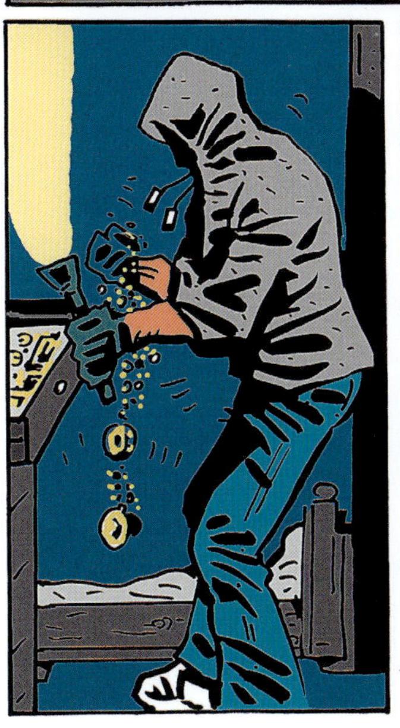

Presse *f* (*kein pl*)	Überbegriff für gedruckte Medien (Zeitungen, Zeitschriften) und ihre Mitarbeiter
interessant	so, dass es neugierig macht oder Aufmerksamkeit erregt
Schmuck *m* (*kein pl*)	Überbegriff für Gegenstände, die zur Verschönerung am Körper getragen werden, z. B. Ketten und Ringe

herausfinden	entdecken
Tipp *m*	Hinweis, Rat
Rechner *m*	Computer

Das ist aber auch ein perfektes Motiv für einen Doppelmord aus Eifersucht. Wir brauchen Beweise.

eigentlich	kann in Fragesätzen Interesse oder Ärger ausdrücken
Motiv *n*	Grund, Ursache
Selbstmord *m*	das absichtliche Töten der eigenen Person
Doppelmord *m*	das absichtliche Töten von zwei Personen
Eifersucht *f*	Gefühl, wenn man die Liebe einer Person nicht mit anderen teilen will
Beweis *m*	Sache, die zeigt, dass etwas richtig und wahr ist

Einfamilienhaus *n*	Haus, in dem nur eine Familie (oder eine Gemeinschaft von mehreren Personen) lebt
Leiche *f*	Körper von einem toten Menschen
Waffe *f*	Gerät zum Kämpfen
Kneipenquiz *n*	Spiel mit Fragen und Antworten, das von allen Gästen zusammen in einer Kneipe gespielt wird
Linkshänder/Linkshänderin *m, f*	Person, bei der die linke Hand stärker ist als die rechte

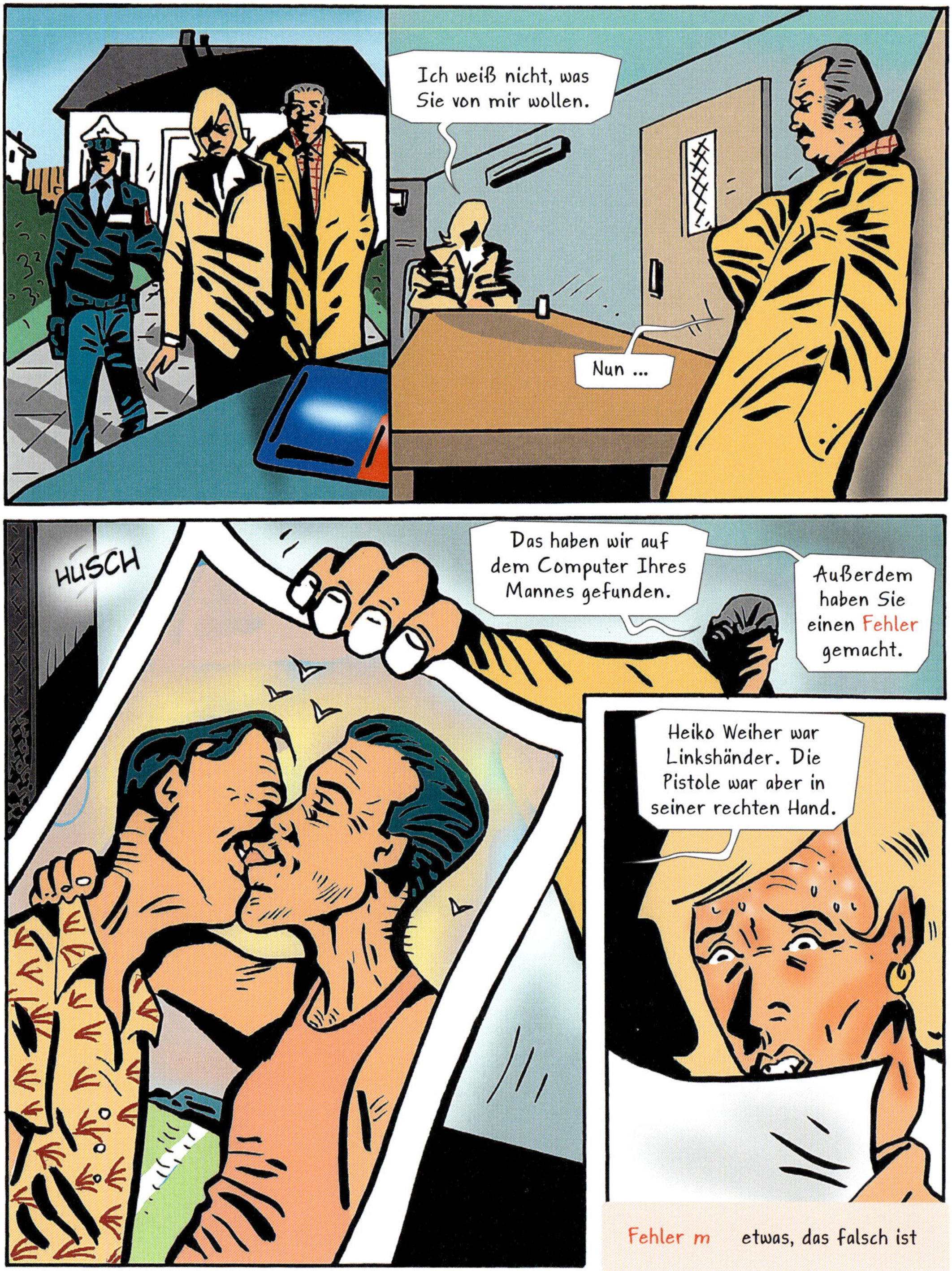

HUSCH

Das haben wir auf dem Computer Ihres Mannes gefunden.

Außerdem haben Sie einen Fehler gemacht.

Heiko Weiher war Linkshänder. Die Pistole war aber in seiner rechten Hand.

Fehler *m* etwas, das falsch ist

gewinnen	*hier:* erreichen, bekommen
absagen	mitteilen, dass man selbst oder eine Person nicht kommt
wieso	warum
↯ Schwein	*hier:* Schimpfwort

wegnehmen	nehmen, was ein anderer gerade hat
umbringen	töten

Schuld *f (kein pl)*	Verantwortung, Ursache von etwas Negativem
jn. zu etw. bringen	der Grund, die Ursache für das Verhalten von einer Person sein
bezahlen	*hier:* etwas Unangenehmes als Konsequenz erleben

Teamarbeit *f* (*ohne pl*)	eine Arbeit, die mehrere Personen zusammen im Team machen
Hilfe *f*	Tätigkeit, mit der man jm. hilft, jn. unterstützt
duzen	siehe Infokasten auf S. 22

Übungen

Wortschatz Zu welchem Überbegriff gehören die Nomen? Ordnen Sie zu.

das Bier | der Fernseher | der Kommissar | das Messer | die Pistole | der Schnaps | die Spurensicherung | die Zeitung

Überbegriff Getränk	Überbegriff Waffe	Überbegriff Medien	Überbegriff Polizei
________	________	________	________
________	________	________	________

INFO

Deckel
Der Bierdeckel ist eine flache, meistens runde Pappe. Man legt ihn unter das Bierglas. Oft schreiben die Kellner darauf, was ein Gast bezahlen muss. Manchmal möchte oder kann ein Gast nicht sofort bezahlen. Dann hebt der Wirt den Deckel auf. So weiß er, dass dieser Gast ihm noch Geld schuldet.

Modalverben *wollen* oder *dürfen*? Ergänzen Sie.

1. Frau Vogt __________ ihre Freundin in der Stadt treffen, aber die Freundin kommt nicht.
2. Der Kommissar __________ nicht mit Katja über seine Arbeit reden. Das ist ihm verboten.
3. Die Polizei __________ den Computer untersuchen, wenn sie eine Erlaubnis hat.
4. Katja und der Kommissar __________ sich duzen.

3 **Artikel** Akkusativendung oder Dativendung? Ergänzen Sie.

1. Ich brauche ein_____ Schnaps.
2. Ich will zu mein_____ Mutter.
3. Ich gebe dir ein_____ Tipp.

4 **Textverständnis** Welche Aussagen sind richtig? Kreuzen Sie an.

1. Christoph Vogt hat bei der Polizei gearbeitet. ❒
2. Katja kennt Heiko Weiher. ❒
3. Heiko Weiher hatte Streit mit Christoph Vogt. ❒

INFO

duzen, siezen
Im Deutschen gibt es zwei verschiedene Anreden. Die höfliche Anrede ist *Sie*. *Sie* (zusammen mit *Herr* ... oder *Frau* ...) sagt man zu Erwachsenen, wenn man nicht mit ihnen verwandt oder befreundet ist. Das ungezwungene *Du* (zusammen mit dem Vornamen) benutzt man in der Familie und unter Freunden. Wenn aus einem Fremden ein Freund wird, kann man ihm das Du anbieten.

5 **Personalpronomen** Was sagt Katja zu Kommissar Markis, wenn sie ihn duzt? Wandeln Sie um.

1. Ich gebe Ihnen einen Tipp.

____

2. Sie haben doch den Computer von Richter Vogt mitgenommen.

____

3. Sehen Sie sich mal die privaten Fotos an.

____

Imperativ Wandeln Sie die Sätze in eine Aufforderung um.

1. Der Kollege soll Frau Vogt zu ihrer Mutter bringen. Markis sagt zu ihm:

   „______________________________.“

2. Frau Vogt soll das Geld mitbringen. Der Mann am Telefon sagt zu ihr:

   „______________________________.“

3. Der Kollege soll nach einem Motiv suchen. Kommissar Markis sagt zu ihm:

   „______________________________.“

4. Heiko Weiher soll Frau Vogt nicht ihren Mann wegnehmen. Sie sagt zu ihm:

   „______________________________.“

7

Perfekt Perfekt mit *sein* oder *haben*. Wandeln Sie um.

1. Er geht in das Haus.

   ____

2. Er wohnt nicht in dem Haus.

   ____

3. Er besucht seinen Freund.

   ____

INFO

Der Blaue Engel

„Der Blaue Engel“ ist ein berühmter deutscher Spielfilm von 1930. Er spielt teilweise in einer Tanz-Bar. Deshalb gibt es in mehreren deutschen Städten eine Kneipe mit diesem Namen.
Der **Blaue Engel** ist aber auch ein Zeichen für besonders umweltschonende Produkte, z. B. Toilettenpapier aus Altpapier.

8 **Fragewörter und Textverständnis** Ergänzen Sie *wo* oder *wohin* und beantworten Sie die Fragen.

1. ____________ werden zwei Leichen gefunden?

   ______________________________ Einfamilienhaus.

2. ____________ bringt die Polizei Frau Vogt?

   ______________________________ Mutter.

3. ____________ soll Frau Vogt das Geld bringen?

   ______________________________ Blauen Engel.

4. ____________ liegt die Pistole?

   ______________________________ Schublade.

5. ____________ schießt Frau Vogt zum Schluss?

   ______________________________ Decke.

9 **Wortschatz** Setzen Sie die richtigen Verben im Präsens ein. Konjugieren Sie.

bezahlen | durchsuchen | erschießen | herausfinden | quatschen

1. Katja ______________ gerne mit ihren Gästen.
2. Susanne Vogt ______________ ihren Schnaps nicht.
3. Die Polizei soll etwas ______________.
4. Der Einbrecher ______________ die Schubladen.
5. Susanne Vogt ______________ ihren Mann.

Kleine und große Fische

Falschgeld *n*	nicht echtes, illegal nachgemachtes Geld
ϟ Fünfziger *m*	50-Euro-Schein
ϟ Blüten *pl*	gefälschte, nicht echte Geldscheine
ϟ bescheißen	betrügen, täuschen

fühlen	durch Berühren feststellen, bemerken
Unterschied *m*	wenn zwei Dinge nicht gleich sind, verschieden sind
eine Kleinanzeige aufgeben	eine kurze Mitteilung z.B. in der Zeitung drucken lassen
Nummernschild *n*	siehe Infokasten auf S. 46
abmelden	mitteilen, dass man etwas (hier ein Auto) nicht mehr benutzt
Vertrag *m*	schriftliche Vereinbarung, die eine bestimmte Sache gültig regelt
mit Handschlag	sich die Hände geben, um eine mündliche Vereinbarung gültig zu machen

Dieses Bild kann ich den anderen Autoverkäufern zeigen.

SSSS

Vielleicht erkennt jemand den Mann wieder.

schmal	nicht breit
Bart *m*	Haare, die bei Männern im Gesicht wachsen
passen	genau richtig sein
auftauchen	an einem Ort sichtbar werden, erscheinen
wiedererkennen	etwas, was man vorher schon gesehen hat, wiedersehen

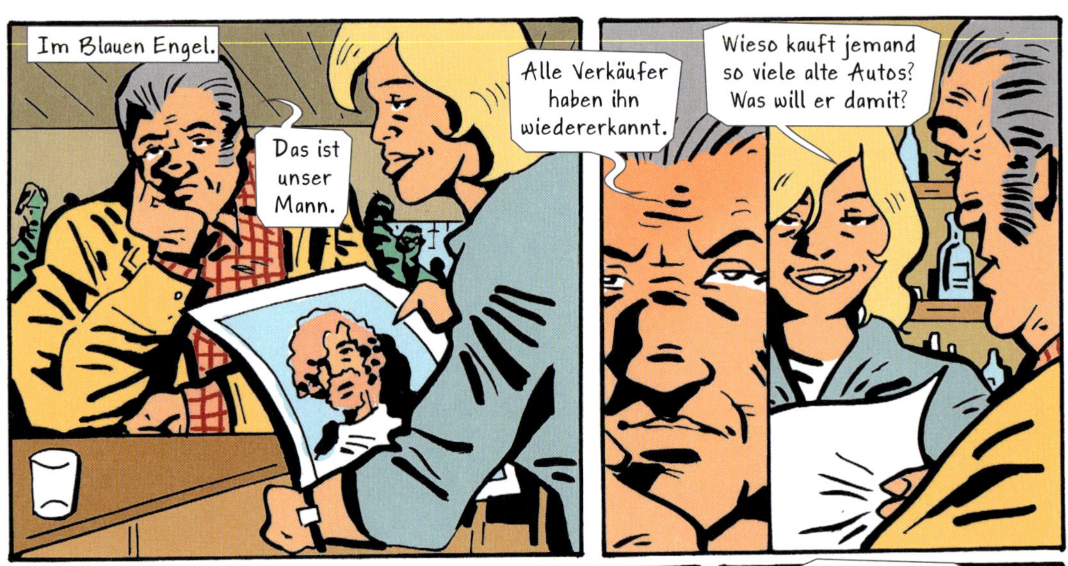

TÜV *m*	siehe Infokasten S. 47
wahrscheinlich	ziemlich gewiss, fast sicher
exportieren	eine Ware ins Ausland bringen
auf einmal	*hier:* in einer Lieferung
Falle *f*	*hier:* ein Plan, um jn. zu fangen

Tut mir leid, ich habe es mir anders überlegt.

?!

Was soll denn das? Und dafür komme ich hierhin?

VRUMMM

Interessent/ Interessentin *m, f*	Person, die sich für eine bestimmte Sache interessiert, die diese Sache haben will
Hintergrund *m*	entfernter, hinterer Teil von dem, was man sieht

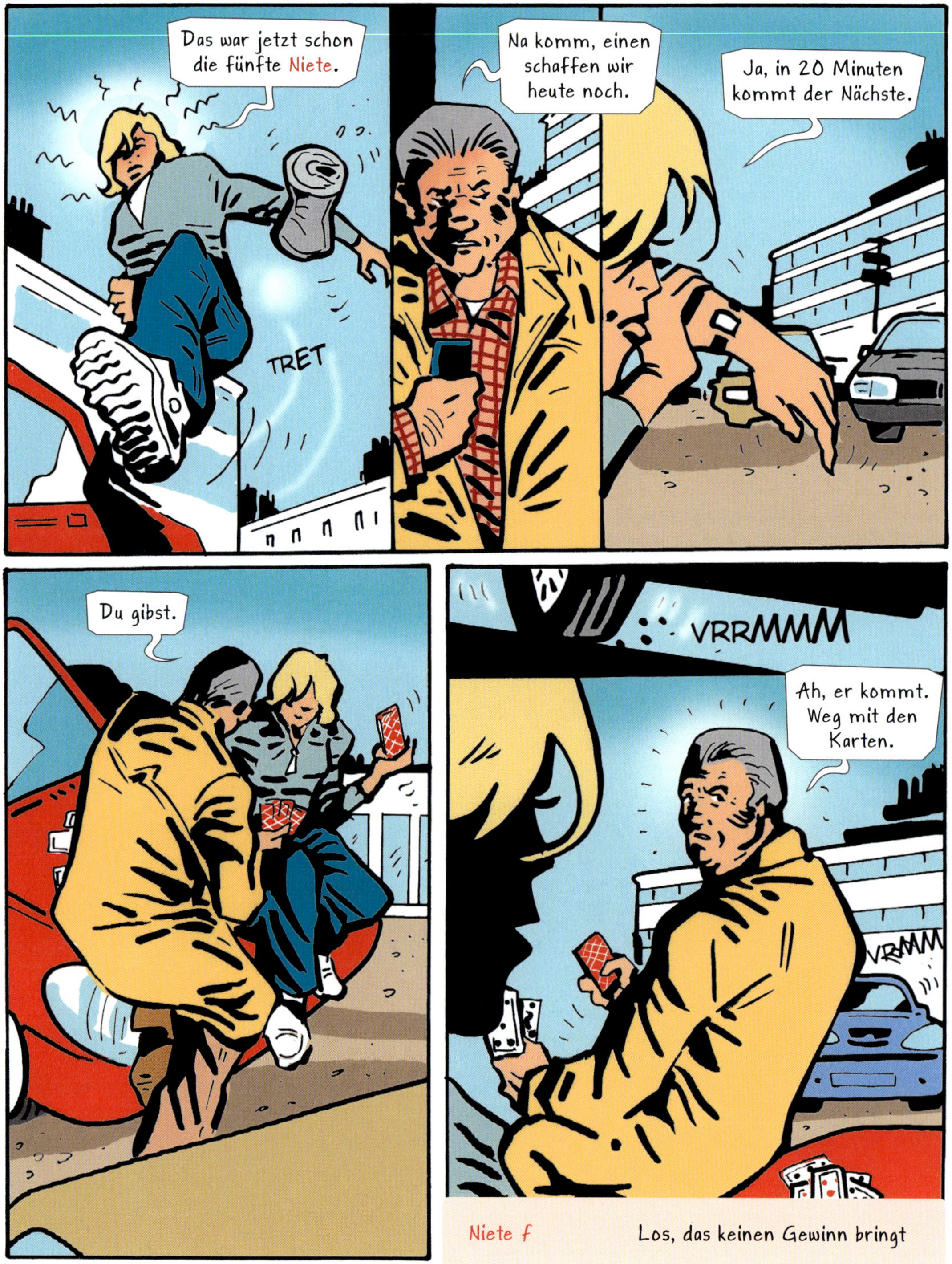

Das war jetzt schon die fünfte Niete.

TRET

Na komm, einen schaffen wir heute noch.

Ja, in 20 Minuten kommt der Nächste.

Niete *f*	Los, das keinen Gewinn bringt

bingo	Ausruf, der ausdrückt, dass etwas genau nach Wunsch eingetreten ist
verhaften	jn. so festhalten, dass er nicht mehr entscheiden kann, wohin er geht; ins Gefängnis bringen

etwas besorgen	etwas tun, damit man etwas bekommt
Revier *n*	Gebäude, in dem die Polizei arbeitet
Stock *m*	Etage, die höher liegt als das Erdgeschoss
Feierabend *m*	die Freizeit nach der Arbeit

Kontoauszug *m*	Liste über das Geld, das auf ein Konto kommt oder von einem Konto geht
Schulden *pl*	Geld, das man jm. zahlen muss
Fahrzeugschein *m*	Dokument, das zu einem Auto gehört
mindestens	nicht weniger als
Keller *m*	Hausteil, der unter dem Erdgeschoss liegt
Droge *f*	Substanz, von der man abhängig werden kann

spielsüchtig	so, dass man unbedingt (um Geld) spielen will
massenhaft	in sehr großer Menge
Chemie f	eine Naturwissenschaft
Zutat f	Substanz, die man z. B. beim Kochen oder Backen dazutut
pro	für, je
liefern	(eine Ware) bringen
Ware f	Gegenstände oder Materialien, die verkauft und gekauft werden

In der dunklen Halle warteten drei Männer auf mich. Ich konnte sie nicht richtig erkennen. Das war schon ein komisches Gefühl.

HUSCH

Vorteil *m*	günstiger Umstand, der jm. oder einer Sache nützlich ist
Kontaktmann *m*	Mann, mit dem man eine Verbindung hat
Güterbahnhof *m*	Bahnhof, an dem Transportzüge be- und entladen werden
Halle *f*	großer, hoher Raum
komisch	*hier:* seltsam

prüfen	kontrollieren, genau untersuchen
Sorge f	Gefühl der Unruhe und Angst

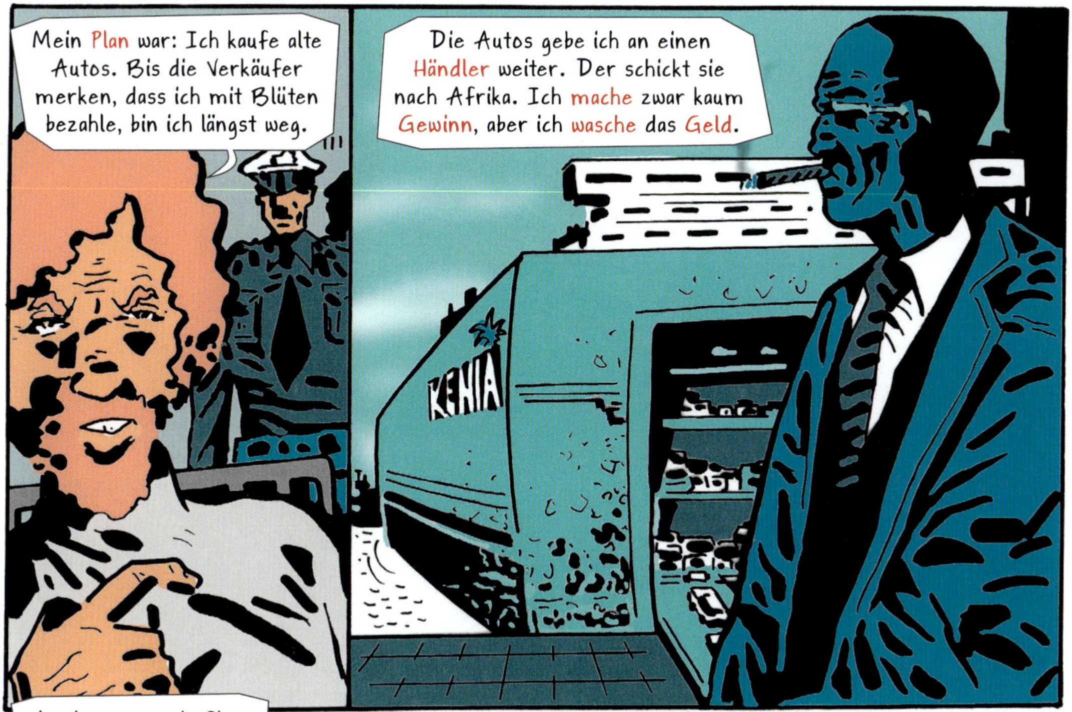

Mein Plan war: Ich kaufe alte Autos. Bis die Verkäufer merken, dass ich mit Blüten bezahle, bin ich längst weg.

Die Autos gebe ich an einen Händler weiter. Der schickt sie nach Afrika. Ich mache zwar kaum Gewinn, aber ich wasche das Geld.

Plan *m*	etwas, das man machen möchte
Händler *m*	Person, die Waren kauft und verkauft
Gewinn machen	Geld verdienen, wenn man etwas verkauft
Geld waschen	illegal verdientes Geld in einem anderen, legalen Geschäft anlegen
große Fische	*hier:* die Drogenhändler im Hintergrund
Katalog *m*	Liste, in der man etwas nachsehen kann

↯ Typ *m*	*hier:* Person
hinter jm. her sein	jn. fangen wollen
Verbrecher *m*	jd., der etwas Verbotenes tut
etwas beweisen	genau wissen, dass etwas so passiert ist oder so richtig ist, und auch einen klaren Hinweis dafür haben
bereit	fertig, um etwas tun zu können

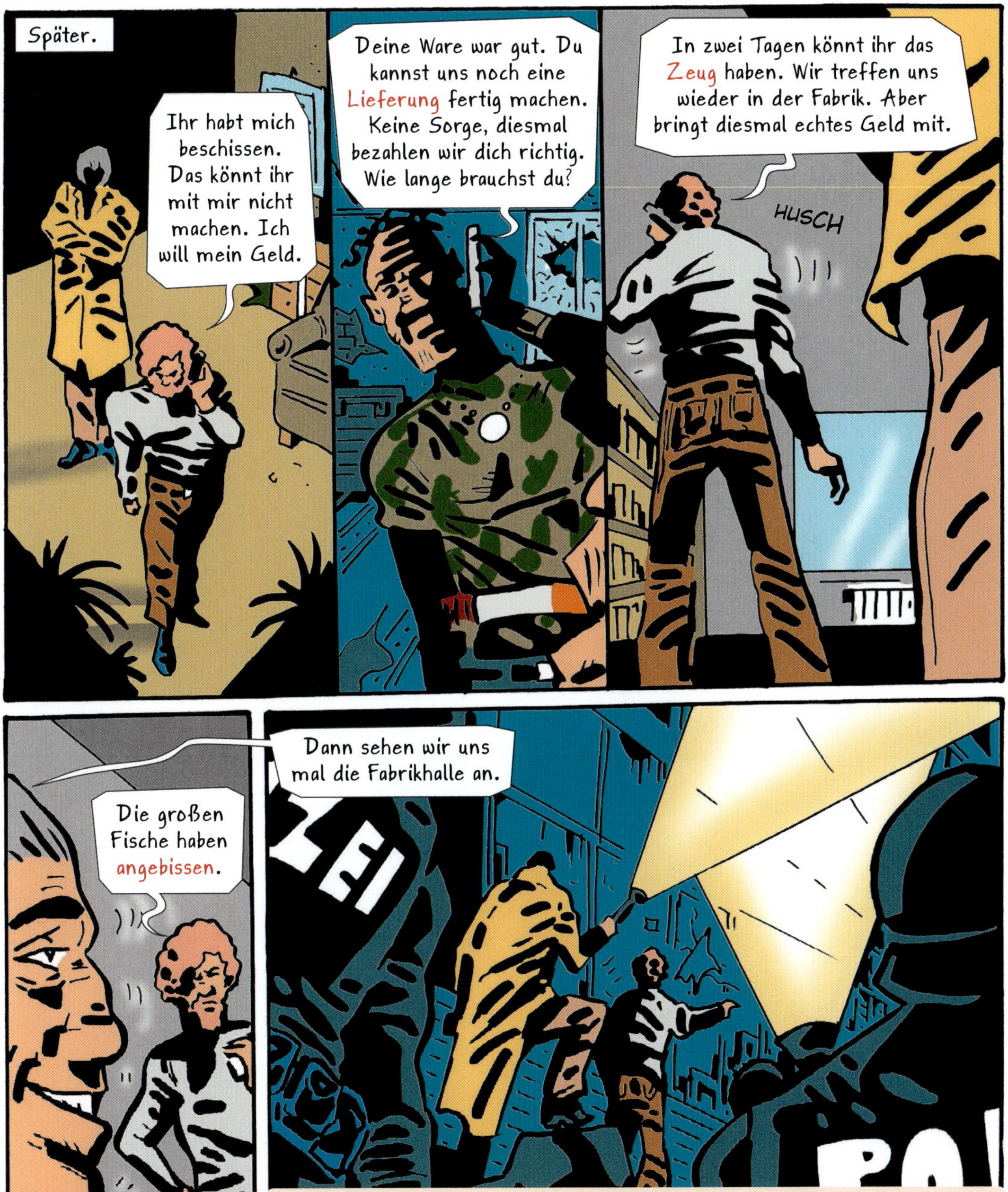

Später.

Ihr habt mich beschissen. Das könnt ihr mit mir nicht machen. Ich will mein Geld.

Deine Ware war gut. Du kannst uns noch eine Lieferung fertig machen. Keine Sorge, diesmal bezahlen wir dich richtig. Wie lange brauchst du?

In zwei Tagen könnt ihr das Zeug haben. Wir treffen uns wieder in der Fabrik. Aber bringt diesmal echtes Geld mit.

HUSCH

Lieferung *f*	Ware, die gebracht wird
Zeug *n (kein pl)*	nicht genau bestimmtes Material, verschiedene nicht genau bestimmte Gegenstände
anbeißen	*hier:* Interesse, Aufmerksamkeit entwickeln

sich verstecken	an einen Ort gehen, an dem man nicht gesehen werden kann
etwas merken	etwas bemerken, auf etwas aufmerksam werden
Stoff *m*	*hier:* Drogen
verdienen	eine positive Reaktion zu Recht bekommen

PENG
PENG
?!
FLOP
SSSSS
ZISCH

PENG
PENG
PENG
RIP
SSS

PENG

RUMMS

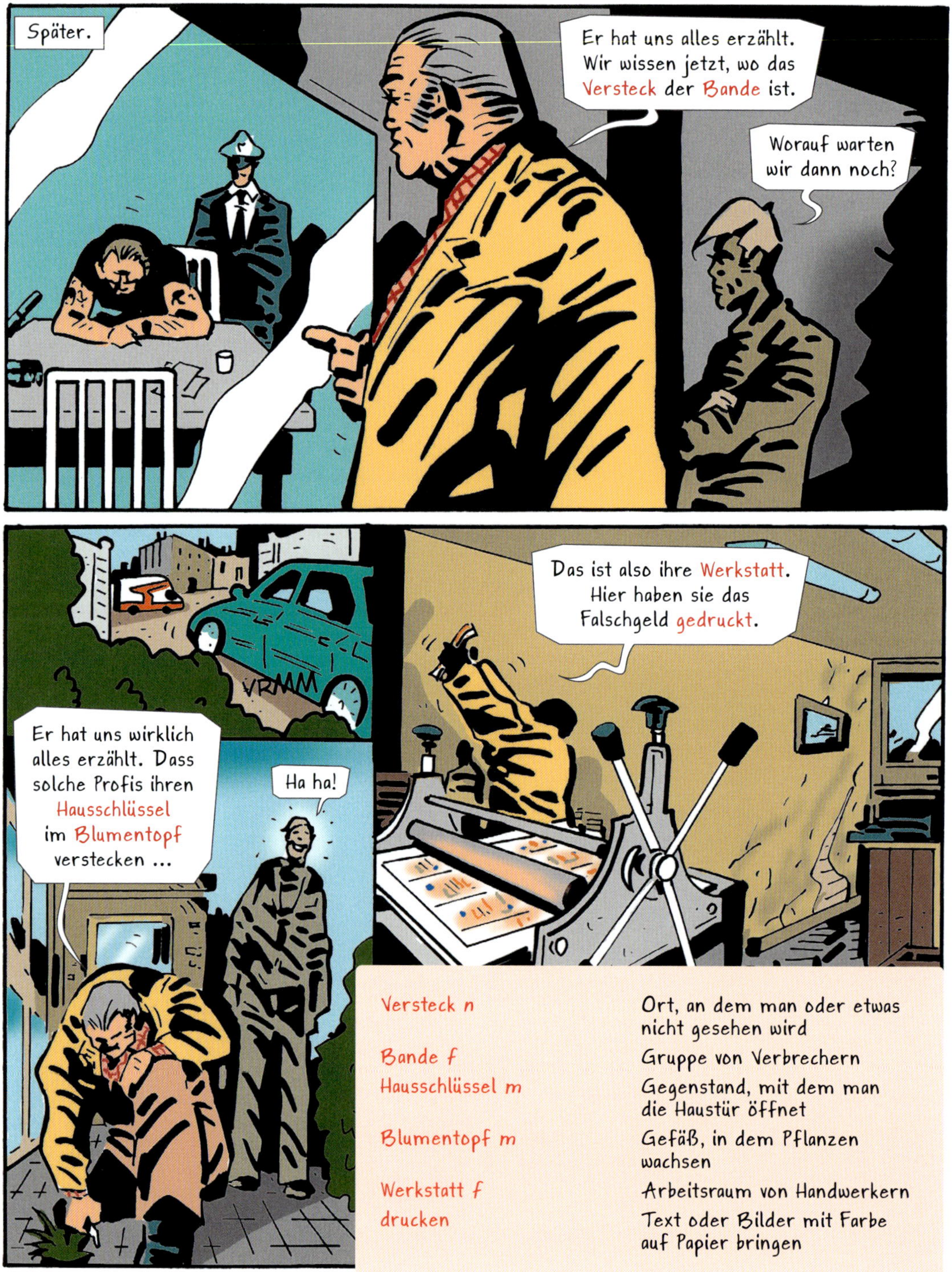

VRMM

Er hat uns wirklich alles erzählt. Dass solche Profis ihren Hausschlüssel im Blumentopf verstecken ...

Ha ha!

Das ist also ihre Werkstatt. Hier haben sie das Falschgeld gedruckt.

Versteck *n*	Ort, an dem man oder etwas nicht gesehen wird
Bande *f*	Gruppe von Verbrechern
Hausschlüssel *m*	Gegenstand, mit dem man die Haustür öffnet
Blumentopf *m*	Gefäß, in dem Pflanzen wachsen
Werkstatt *f*	Arbeitsraum von Handwerkern
drucken	Text oder Bilder mit Farbe auf Papier bringen

auf frischer Tat	genau in dem Moment, in dem jd. etwas (Illegales) tut
hinter Gitter	ins Gefängnis
Gefängnis *n*	Gebäude, in dem Verbrecher festgehalten werden
↯ Mist *m (kein pl)*	wertlose, schlechte Dinge
Strafe *f*	Reaktion auf verbotenes Verhalten
sich auswirken	eine Wirkung haben auf etwas, etwas verändern

Übungen

Adjektive Wie sieht der Mann aus? Steigern Sie die Adjektive.

1. Das Gesicht ist (schmal) ________________________.
2. Die Haare sind (lang) ________________________.
3. Die Nase ist (klein) ________________________.
4. Die Ohren sind (groß) ________________________.
5. Der Mund ist (breit) ________________________.

2

Wortschatz Setzen Sie die richtigen Verben im Präsens ein. Deklinieren Sie.

fahren | haben | haben | kommen | wissen

1. Katja: „________________ du heute Zeit?"
2. Toni: „Nein, ich ________________ nach Köln.
3. Ich ________________ einen Termin."
4. Katja: „Wann ________________ du zurück?"
5. Toni: „Das ________________ ich noch nicht."

INFO

Geld

Wenn Geld aus Metall ist, dann nennt man es Münze. Wenn Geld aus Papier ist, nennt man es Geldschein oder Banknote. Für Geld gibt es viele umgangssprachliche Wörter. **Pfennig** und **Mark** sind alte deutsche Münzen. Heute kann man damit nicht mehr bezahlen. Aber die Wörter benutzen wir manchmal noch für Euro und Cent. Wenn jemand steinreich ist, dann hat er viel **Kies** (sehr kleine Steine) oder **Schotter** (etwas größere Steine). Nur im Plural werden die Wörter **Kröten** und **Mäuse** verwendet, denn auch die Tiere sieht man nicht oft allein. Wenn man Holz verbrennt, bleiben schwarze **Kohle** und graue **Asche** übrig. Beide Wörter können als Synonym von Geld benutzt werden.

3 **Präpositionen** Setzen Sie die passende Präposition ein.

auf | bei | in | im | mit

1. Katja kennt sich ______________ Geld aus.
2. Sie meldet sich ______________ Toni:
3. „Kannst du kommen?“ Toni sagt: „______________ zwanzig Minuten bin ich da.“
4. Sie treffen sich ______________ Blauen Engel.
5. Katja legt das Falschgeld ______________ den Tisch.

4 **Illustrationen** Toni durchsucht die Wohnung von Jens. Was findet er? Ordnen Sie zu.

1. ☐ Autoschlüssel
2. ☐ Drogen
3. ☐ Falschgeld
4. ☐ Kontoauszüge

a) b) c)

5 **Wortschatz** Welche Definition passt? Ordnen Sie zu.

1. ☐ jemanden bescheißen
2. ☐ jemandem eine Falle stellen
3. ☐ etwas prüfen
4. ☐ hinter jemandem her sein
5. ☐ jemanden auf frischer Tat erwischen
6. ☐ jemanden hinter Gitter bringen

a) einen Plan machen, um jemanden zu fangen
b) etwas kontrollieren, genau untersuchen
c) jemanden betrügen, täuschen
d) jemanden fangen wollen
e) jemanden ins Gefängnis bringen
f) jemanden genau in dem Moment sehen, in dem er etwas (Illegales) tut

6 Fragewort *welch-?* Ergänzen Sie die richtige Endung.

1. Welch_____ Auto haben Sie verkauft?
2. Welch_____ Käufer bezahlt mit Falschgeld?
3. Welch_____ Verbrecher erkennen Sie?
4. Welch_____ Mann haben alle Autoverkäufer erkannt?
5. Welch_____ Wohnung will Toni durchsuchen?
6. Welch_____ Keller gehört zu der Wohnung?

7 Textverständnis Was ist richtig? Setzen Sie ein.

alles | Blumentopf | Falschgeld | Verbrecher | Werkstatt

1. Toni fängt die ____________________.
2. Der Verbrecher erzählt ihm ____________________.
3. Toni findet den Hausschlüssel im ____________________.
4. Hinter der Tür findet er die ____________________.
5. Dort haben die Verbrecher das ____________________ gedruckt.

INFO

Nummernschild

Jedes Nummernschild gehört zu einem bestimmten Auto. Mit der Nummer kann man so auch feststellen, wem das Auto gehört.
In Deutschland ist das Nummernschild so aufgebaut:

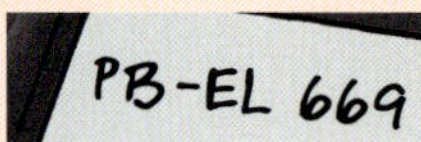

Die Buchstaben links sagen, in welchem Ort ein Auto angemeldet ist. Rechts steht eine Kombination aus ein oder zwei Buchstaben und maximal vier Zahlen.

INFO

TÜV
In Deutschland muss jedes Auto regelmäßig (alle zwei Jahre) geprüft werden: Funktioniert alles? Ist der Besitzer versichert? Diese Überprüfung macht der TÜV, der Technische Überwachungsverein. Wenn alles okay ist, wird ein neuer Aufkleber auf das Nummernschild geklebt und das Auto darf auf der Straße fahren. Wenn etwas nicht okay ist, muss es repariert werden.

8 **Trennbare Verben im Perfekt** Setzen Sie die richtigen Verben im Perfekt ein.

abmelden | anbieten | anrufen | ansehen | aufgeben

1. Jens hat sein Auto ______________________.
2. Dann hat er eine Kleinanzeige ______________________.
3. Darin hat er sein Auto ______________________.
4. Ein Interessent hat ihn ______________________.
5. Jens hat sich das Geld nicht genau ______________________.

Wortschatz Welche Wortteile lassen sich verbinden? Ordnen Sie zu.

1. Blumen- -anzeige
2. Fabrik- -europa
3. Keller- -halle
4. Klein- -topf
5. Ost- -tür
6. Tages- -zeitung

Blutige Rache

Das ist das letzte Mal. Wenn so etwas noch einmal passiert, können Sie sich einen neuen Job suchen.

Aber ...

TUPF

vergessen	sich etwas nicht mehr merken
ϟ Anschiss *m*	Mitteilung, dass man nicht zufrieden ist
ϟ die Nase voll haben	nicht mehr wollen, keine Lust mehr haben
ϟ Idiot *m*	Schimpfwort, Person, die sich dumm verhält

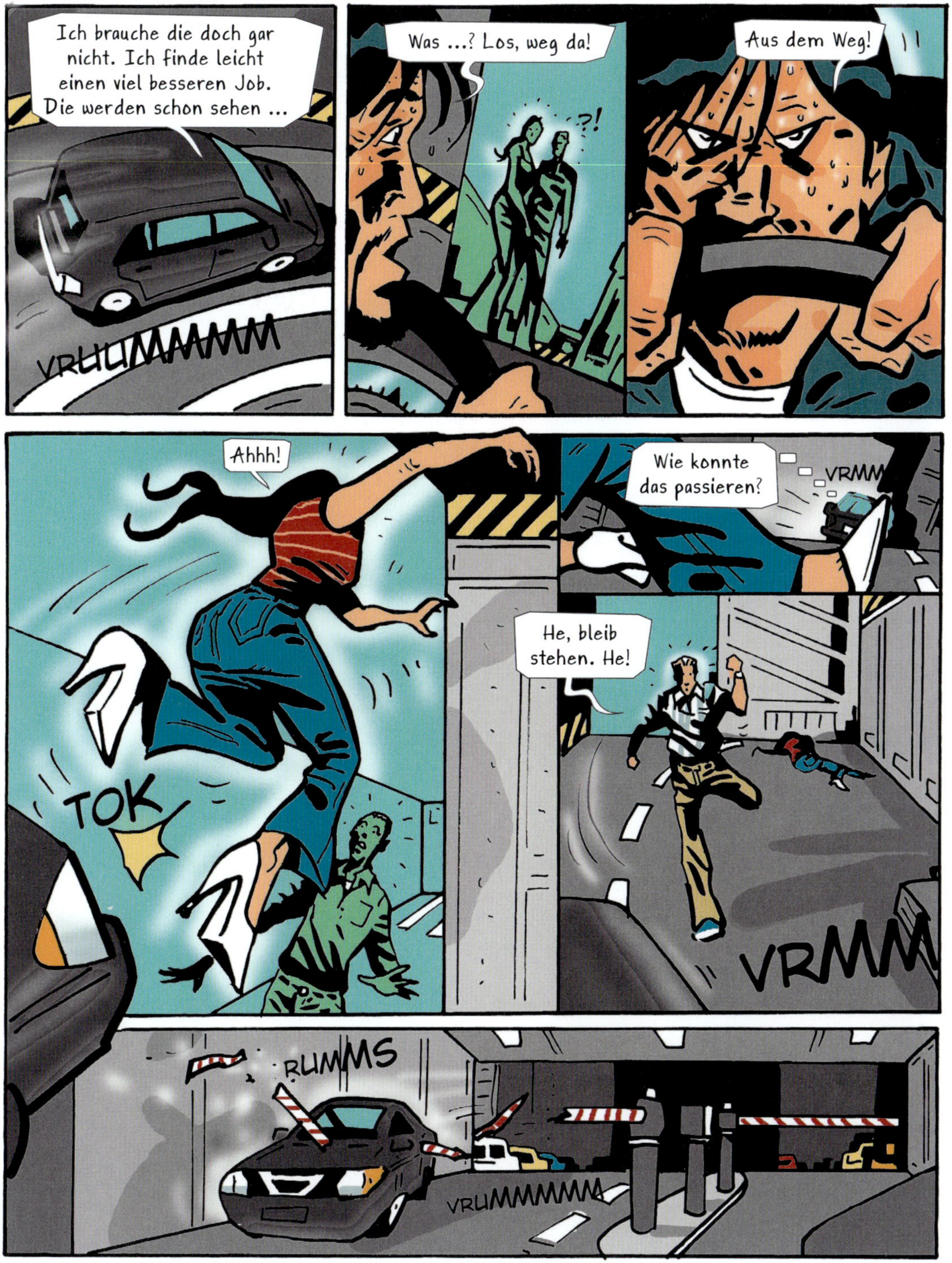

Ahhh!

TOK

Wie konnte das passieren?

VRMM

He, bleib stehen. He!

VRMM

RUMMS

VRUMMMMMM

zusammenfassen	etwas mit wenigen Worten wiederholen
abholen	zu der Stelle kommen, wo jd. ist, und gemeinsam weggehen
Kurve *f*	Stelle, an der eine Straße einen Bogen macht
Baujahr *n*	Jahr, in dem etwas (*hier:* ein Auto) hergestellt wurde

Am selben Abend.

Das Parkhaus ist videoüberwacht.

Ich werde herausfinden …

… wer Anja umgebracht hat.

SICHERHEITSTECHNIK
Unbefugten ist der Zutritt verboten!

CLIC

videoüberwacht	so, dass an einem anderen Ort gesehen werden kann, was passiert (und die Bilder gespeichert werden)
Sicherheitstechnik *f*	*hier:* Raum, in dem Technik (*hier:* Computer) gelagert wird
Unbefugten ist das Betreten verboten	Hinweis, der sagt, dass man einen Ort nur mit einer Erlaubnis betreten darf
ahnen	nicht wissen, aber vermuten

Am nächsten Morgen.

Ah, gut, dass Sie hier sind. Ist dies ein privates Parkhaus?

Ja, es gehört zum Bürogebäude. Wir haben hier nur Dauerparker. Man braucht einen Ausweis. Nur damit kann man die Schranke öffnen.

Wir suchen ein schwarzes Fahrzeug. Können Sie uns eine Liste machen?

Sicher. Aber warum sehen Sie sich nicht die Videoaufzeichnung an?

Videoaufzeichnung? Wieso hat man uns das nicht schon gestern gesagt?

He, hier ist nicht abgeschlossen! Ich bin mir sicher, dass ich gestern Morgen ...

Die Aufzeichnung von gestern ist nicht da. Sie ist gelöscht.

Mist! Der Täter war schneller als wir.

Parkhaus *n*	Gebäude, in dem mehrere Fahrzeuge parken können
Dauerparker *m*	Person, die regelmäßig an einem Ort parkt
Schranke *f*	Stange, mit der etwas abgesperrt wird
Liste *f*	schriftliche Aufstellung, kurzer Katalog
Videoaufzeichnung *f*	Film, der Bilder von Ereignissen speichert, also für später festhält
löschen	entfernen

↯ Knast *m*	Gefängnis
Friedhof *m*	Ort, an dem tote Menschen begraben werden, also in der Erde liegen
Mörder/Mörderin *m, f*	Person, die jn. umgebracht, getötet hat
Unfall *m*	nicht geplantes Ereignis, bei dem jd. verletzt oder getötet wurde

So, hier kommst du so schnell nicht wieder raus.

Weichei *n*	schwacher, defensiver Mensch
etwas vertragen	etwas aushalten
etwas an jm. finden	etwas an jm. mögen
raus	kurz für heraus

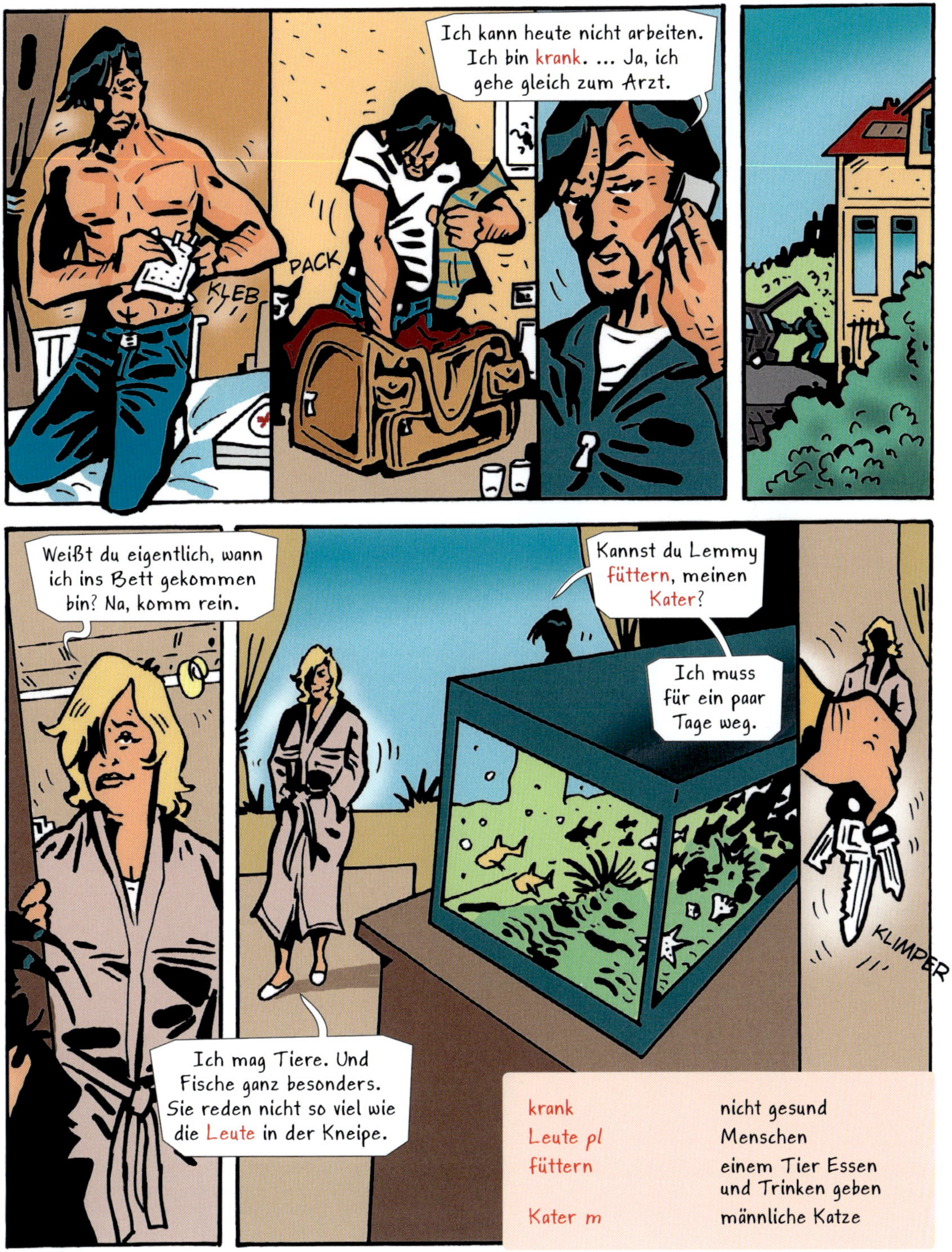

Weißt du eigentlich, wann ich ins Bett gekommen bin? Na, komm rein.

Ich mag Tiere. Und Fische ganz besonders. Sie reden nicht so viel wie die Leute in der Kneipe.

Kannst du Lemmy füttern, meinen Kater?

Ich muss für ein paar Tage weg.

KLIMPER

krank	nicht gesund
Leute *pl*	Menschen
füttern	einem Tier Essen und Trinken geben
Kater *m*	männliche Katze

Unfallfahrer/ Unfallfahrerin *m, f*	Person, die mit einem Fahrzeug einen Unfall gemacht hat
Gebäude *n*	Haus oder anderer großer Bau
aufbrechen	mit Gewalt öffnen
überprüfen	kontrollieren
regelmäßig	so, dass es immer wieder zur gleichen Zeit passiert

Geräusch *n*	etwas, das man hören kann
keine Ahnung haben	nicht wissen
Messer *n*	Werkzeug zum Schneiden
sich rächen	etwas Negatives tun, um jm. zu schaden, der einem selbst geschadet hat
↯ klappen	funktionieren

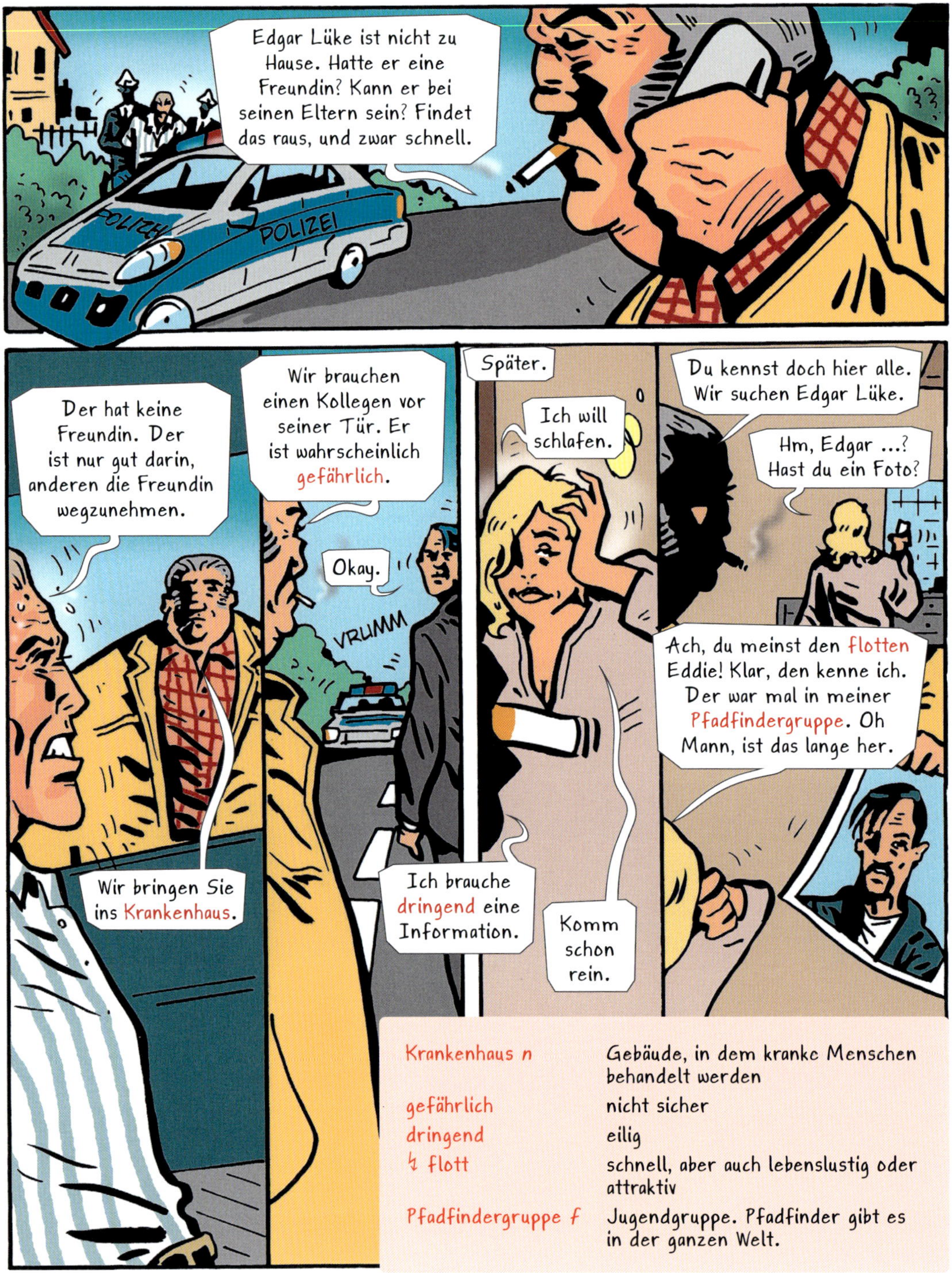

Der hat keine Freundin. Der ist nur gut darin, anderen die Freundin wegzunehmen.

Wir brauchen einen Kollegen vor seiner Tür. Er ist wahrscheinlich gefährlich.

Okay.

VRUMM

Wir bringen Sie ins Krankenhaus.

Später.

Ich brauche dringend eine Information.

Ich will schlafen.

Komm schon rein.

Du kennst doch hier alle. Wir suchen Edgar Lüke.

Hm, Edgar ...? Hast du ein Foto?

Ach, du meinst den flotten Eddie! Klar, den kenne ich. Der war mal in meiner Pfadfindergruppe. Oh Mann, ist das lange her.

Krankenhaus *n*	Gebäude, in dem kranke Menschen behandelt werden
gefährlich	nicht sicher
dringend	eilig
↯ flott	schnell, aber auch lebenslustig oder attraktiv
Pfadfindergruppe *f*	Jugendgruppe. Pfadfinder gibt es in der ganzen Welt.

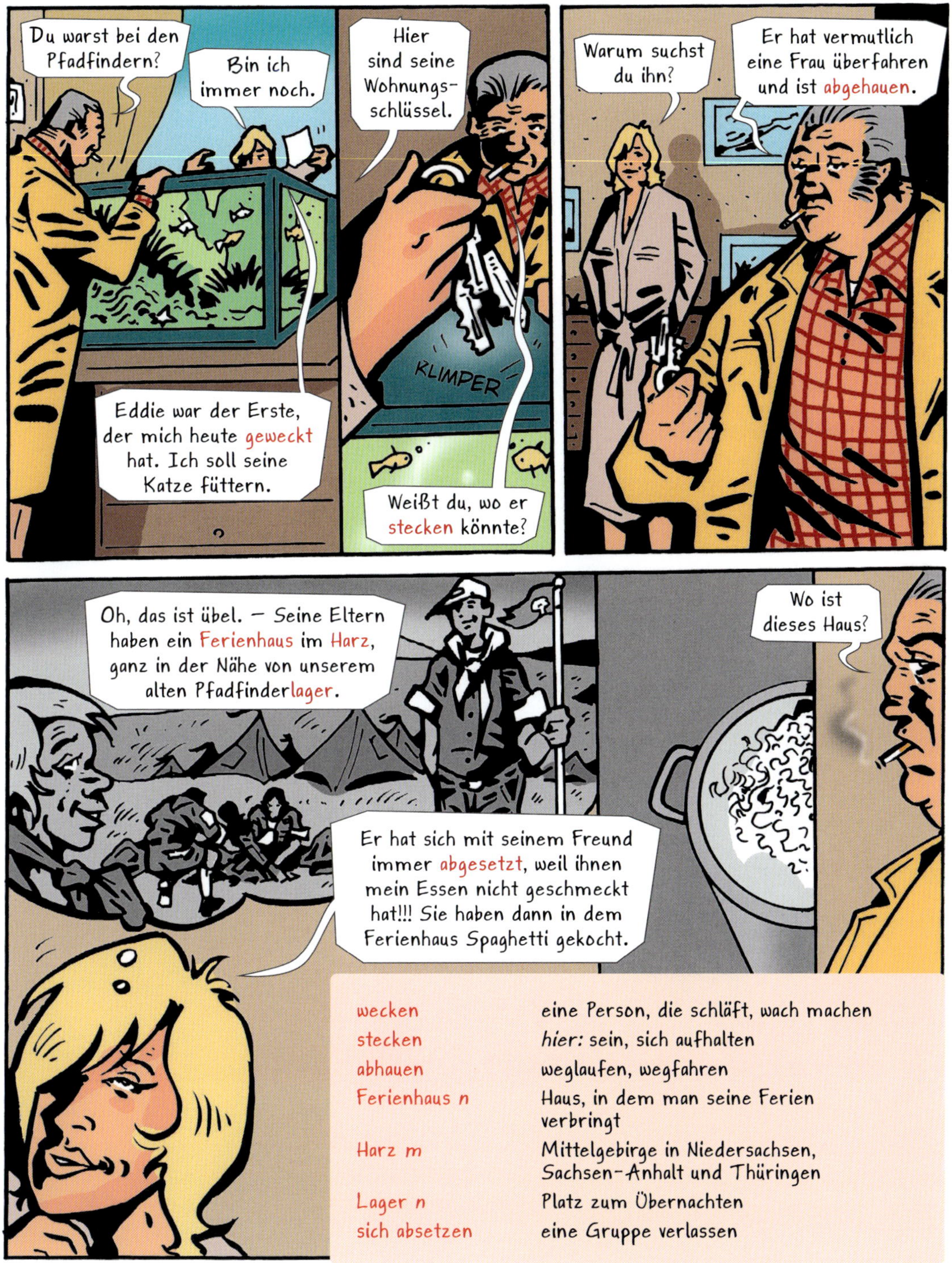

Oh, das ist übel. – Seine Eltern haben ein Ferienhaus im Harz, ganz in der Nähe von unserem alten Pfadfinderlager.

Wo ist dieses Haus?

Er hat sich mit seinem Freund immer abgesetzt, weil ihnen mein Essen nicht geschmeckt hat!!! Sie haben dann in dem Ferienhaus Spaghetti gekocht.

wecken	eine Person, die schläft, wach machen
stecken	*hier:* sein, sich aufhalten
abhauen	weglaufen, wegfahren
Ferienhaus *n*	Haus, in dem man seine Ferien verbringt
Harz *m*	Mittelgebirge in Niedersachsen, Sachsen-Anhalt und Thüringen
Lager *n*	Platz zum Übernachten
sich absetzen	eine Gruppe verlassen

Wildemann (ohne Artikel)	Stadt im Oberharz
Zelt *n*	kleines Haus aus Stoff, besonders beim Camping
es auf jn. absehen	jn. oder etwas für sich haben wollen
entwischen	fliehen

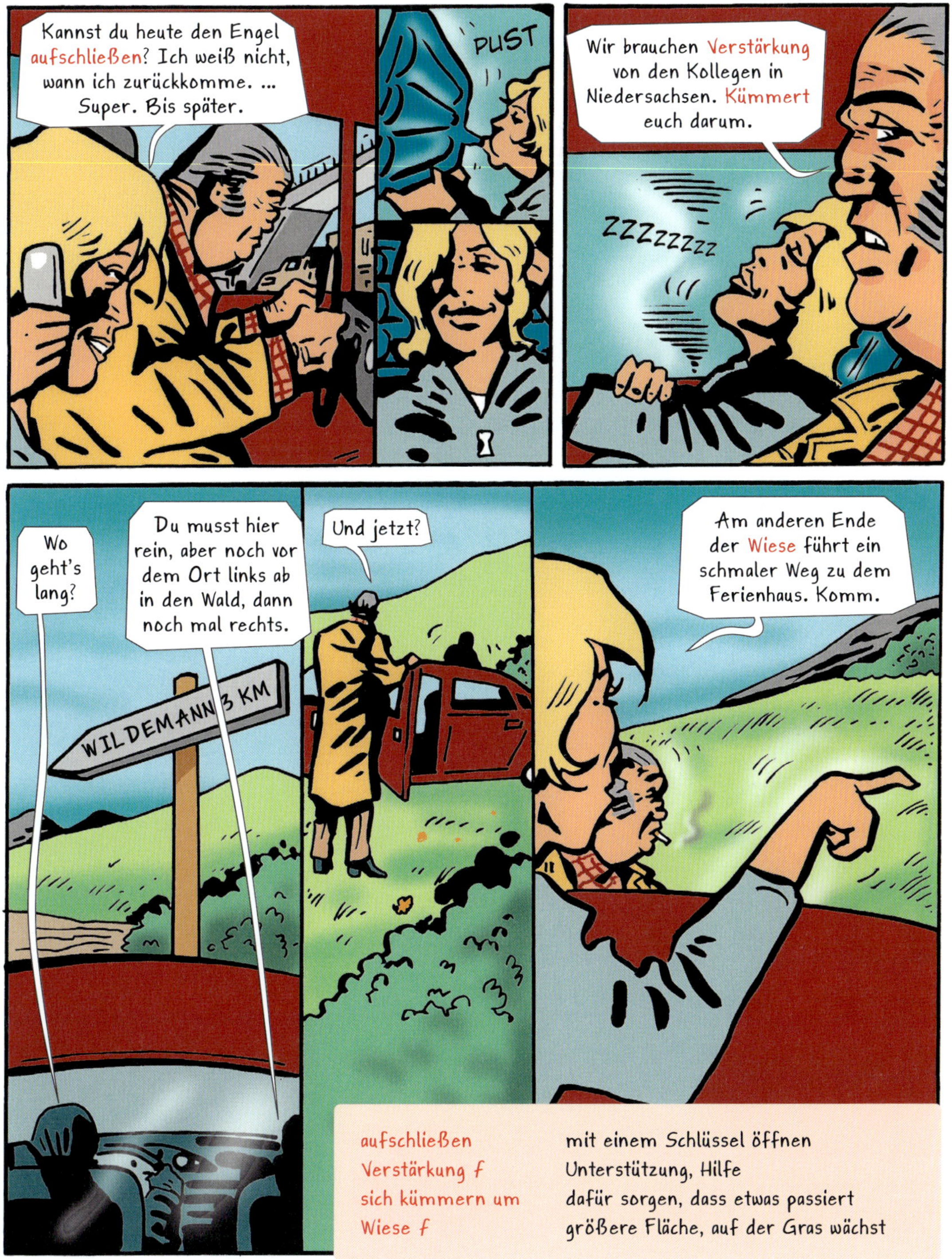

Wo geht's lang?

Du musst hier rein, aber noch vor dem Ort links ab in den Wald, dann noch mal rechts.

WILDEMANN 3 KM

Und jetzt?

Am anderen Ende der Wiese führt ein schmaler Weg zu dem Ferienhaus. Komm.

aufschließen	mit einem Schlüssel öffnen
Verstärkung *f*	Unterstützung, Hilfe
sich kümmern um	dafür sorgen, dass etwas passiert
Wiese *f*	größere Fläche, auf der Gras wächst

↯ Scheiß *m (kein pl)*	*hier:* Fehler
stark	kräftig
schwanger	wenn man ein Kind erwartet

TOCK

Holz auf Holz.

sterben — aufhören zu leben

Ich kann ihn verstehen. Jetzt nehmt ihr Eddie den Führerschein weg, vielleicht kommt er ein paar Jahre ins Gefängnis. Aber dann?

Was wird aus Roland? Seine Freundin ist tot. Die macht niemand wieder lebendig.

TATÜ TATAA

Der Fall ist geklärt, aber haben wir einen Grund zu feiern?

Verbrecher jagen ist die Aufgabe der Polizei. Über die Strafe entscheiden die Richter.

Und so soll es auch bleiben, finde ich. Roland und Eddie – beide sind gefährlich.

verstehen	so denken und fühlen wie jd. anderes
Führerschein *m*	Dokument, das jm. erlaubt, ein bestimmtes Fahrzeug zu fahren
lebendig	Gegenteil von tot
jagen	verfolgen
geklärt	so, dass die Lösung gefunden ist

ENDE

Übungen

Wortschatz Welche Wortteile lassen sich verbinden? Ordnen Sie zu.

1. Ferien-	-aufzeichnung
2. Fuß-	-fahrer
3. Park-	-haus
4. Unfall-	-haus
5. Video-	-schlüssel
6. Wohnungs-	-weg

Verben Welches Verb passt? Kreuzen Sie an.

1. Eddie ist nach dem Unfall abgefunden / abgehauen / abgesehen.

2. Roland will herausdenken / herausfinden / heraustreten, wer Anja umgebracht hat.

3. Roland läuft / liest / löscht die Videoaufzeichnung.

4. Katja soll Eddies Katze essen / füttern / kümmern.

5. Den Pfadfindern hat Katjas Essen nicht gefunden / gekocht / geschmeckt.

6. Zum Schluss ist der Fall gefällt / gefeiert / geklärt.

3 **Präpositionen** Welche Präposition passt? Setzen Sie ein.

am | im | im | vor | zu | zum

1. Wann hat Eddie den Unfall? _______ Montag.
2. Um wie viel Uhr? Um 10 Minuten _______ fünf.
3. Wo war der Unfall? _______ Parkhaus.
4. Was sagt er seinem Chef am nächsten Tag? „Ich bin krank. Ich gehe ______ Arzt."
5. Wo trifft er Katja? _______ Hause.
6. Er hat Katja geweckt. Wo war sie? Sie war _______ Bett.

4 **Textverständnis** Was ist richtig? Kreuzen Sie an.

	richtig	falsch
1. Katja und Toni fahren in den Harz.	❒	❒
2. Sie sind dort mit Eddie verabredet.	❒	❒
3. Toni kennt den Weg genau.	❒	❒
4. Eddie und Roland waren früher zusammen bei den Pfadfindern.	❒	❒
5. Roland will Eddie töten.	❒	❒
6. Roland hat eine Pistole.	❒	❒

INFO

weg und Weg

Auf S. 49 stehen die Worte „weg" und „Weg". Sie sind sich ähnlich und doch ganz unterschiedlich. „weg" ist ein Adverb, man spricht es mit sehr kurzem e: [vɛk]. Man kann es auf verschiedene Weise benutzen:

- als Aufforderung: *Weg da! Mach Platz!*
- ähnlich wie „nicht mehr da": *Wo ist mein Handy? Es ist weg.*
- ähnlich wie „entfernt": *Der Harz ist weit weg.*

„Weg" ist ein maskulines Nomen, man spricht es mit langem e: [veːk]. Es bedeutet:

- kleine Straße: *Der Weg ist sehr schmal.*
- (Fahrt)richtung: *Wissen Sie den Weg zum Bahnhof?*
- Art und Weise: *So/Auf diesem Weg wirst du dein Ziel bald erreichen.*

Wer sagt was? Ordnen Sie zu.

1. 
2. 
3. 

4. 
5. 
6. 

a. ☐ Ich will schlafen.

b. ☐ Wo geht's lang?

c. ☐ Geschafft. Ich bin drin.

d. ☐ Das Geräusch kommt von unten.

e. ☐ Pass doch auf!

f. ☐ Aus dem Weg!

mir oder *mich*? Setzen Sie ein.

1. Ich suche ________ einen neuen Job.
2. Ich melde ________ krank.
3. Ich sehe ________ das Video an.
4. Ich bin ________ sicher.
5. Ich räche ________.
6. Es tut ________ leid.

7 Verben Ergänzen Sie die Lücken mit den passenden Verbformen.

absetzen | ahnen | aufbrechen | finden | haben | kümmern

1. Eddie mag nicht mehr. Er ____________________ die Nase voll.
2. Roland weiß nicht genau, wer in dem Auto saß. Aber er ________________ etwas.
3. Roland hat einen Schlüssel. Er muss die Tür nicht ____________________.
4. Eddie will wegfahren. Katja soll sich um seinen Kater ____________________.
5. Warum mögen die Frauen Roland? Was ____________________ sie an ihm?
6. Manche Pfadfinder wollen ihr eigenes Essen kochen. Sie ____________________ sich _________.

8 **Lokale Präpositionen und Artikel** Welche Präposition und welcher Artikel werden zu einem Wort zusammengezogen?

1. Ich gehe nicht zu der __________ Arbeit.
2. Ich gehe zu dem __________ Arzt.
3. Ich stehe auf der __________ Straße.
4. Ich warte vor der __________ Tür.
5. Vielleicht muss ich in das __________ Krankenhaus.
6. Ich gehe lieber in die __________ Kneipe.

9 **Modalverben** Welches Verb passt? Setzen Sie ein und konjugieren Sie im Präsens.

können können können müssen müssen wollen

1. Eddie: „__________ du meinen Kater füttern? Ich __________ für ein paar Tage weg."
2. Toni: „Ist das Ihr Messer? __________ Sie sich an Edgar Lüke rächen?"
3. Toni: „Ich __________ da sofort hin. __________ du mitkommen?"
4. Katja: „Ich __________ Eddie verstehen."

10 **Textverständnis** Beantworten Sie die Fragen. Ordnen Sie zu.

Eddie Roland Toni

1. Wer hat die Videoaufzeichnung gelöscht? __________
2. Wer hat einen Kater? __________
3. Wer kennt den Weg zum Ferienhaus nicht? __________
4. Wer darf Verbrecher jagen? __________

Abschlusstest

1

Fragewörter Welches Fragewort passt? Setzen Sie ein.

wann | was | wie | wie lange | woher

1. Katja: ________________ kommst du? Toni: Heute Abend.
2. Katja: ________________ bleibst du? Toni: Nicht lange.
3. Katja: ________________ möchtest du trinken? Toni: Einen Kaffee, bitte.
4. Toni: ________________ kommt der Kaffee? Katja: Aus Brasilien.
5. Toni: ________________ kochst du ihn? Katja: Das ist mein Geheimnis.

2

Perfekt Ergänzen Sie die angegebenen Verben im Perfekt.

1. Katja: Hallo Toni, lange nicht gesehen. ________________ du mich ________________ (vergessen)?
2. Toni: Nein, ich ________________ so viel ________________ (arbeiten).
3. Katja: Was ________________ du heute ________________ (machen)?
4. Toni: Ich ________________ einen Fall ________________ (lösen).
5. Katja: ________________ du den Täter ________________ (finden)?
6. Toni: Ja, wir ________________ ihn ________________ (erwischen).

Präpositionen Welche Präposition passt? Unterstreichen Sie.

1. Der Blaue Engel öffnet an / um 17 Uhr.
2. Die Nachbarn treffen sich bei / für Katja.
3. Katja unterhält sich mit / über der Nachbarin.
4. Rauchen darf man nur nach / vor der Tür.

4

Plural Bilden Sie zu jedem Nomen den Plural.

1. der Fall ____________________
2. der Keller ____________________
3. das Versteck ____________________
4. die Lieferung ____________________
5. der Tipp ____________________
6. das Gefängnis ____________________

5

Possessivpronomen Ergänzen Sie die Lücken mit passenden Possessivpronomen.

1. Katja steht in ____________________ Kneipe.
2. Toni kommt mit ____________________ Freund.
3. Toni: Das ist Katja, ____________________ beste Mitarbeiterin.
4. Katja zu Toni: Und ____________________ beste Freundin, hoffe ich.
5. Freund: Toni sagt, dass ____________________ Kaffee so gut ist.
6. Katja: Er hat recht. Er hat sogar ____________________ eigene Tasse hier stehen.

Adjektive Welche Endung passt? Ergänzen Sie.

bar | ig | ig | ig | lich | lich

1. Der Fall ist schwier_____.
2. Der Täter ist gefähr_____.
3. In dem Versteck ist Toni unsicht_____.
4. Das Messer ist blut_____.
5. Den Vertrag macht er schrift_____.
6. Der Tote wird nicht wieder lebend_____.

kein oder nichts? Setzen Sie *kein* mit der nötigen Endung oder *nichts* ein.

1. Ich vertrage _______________ Alkohol.
2. Ich habe _______________ gemerkt.
3. Ich will _______________ Ärger machen.
4. Ich habe _______________ Ahnung.
5. Es ist _______________ passiert.

Verben Welches Verb passt? Unterstreichen Sie.

1. Der Kater passt / weckt Katja.
2. Katja löscht / quatscht mit den Gästen.
3. Ein Gast entwischt / vergisst zu bezahlen.
4. Toni durchsucht / liefert die Wohnung.
5. Toni druckt / findet Beweise.

9 **Dialog** Welche Dialogteile passen zusammen?

1. ☐ Waren Sie schon oft im Blauen Engel?
2. ☐ Trinken Sie auch ein Bier?
3. ☐ Waren Sie gestern in der Stadt?
4. ☐ Kennen Sie den Toten?
5. ☐ Haben Sie ein Auto?
6. ☐ Wollen Sie mich bescheißen?

a Nein, ich bin mit dem Zug gefahren.
b Nein, ich habe ihn noch nie gesehen.
c Nein, ich sage die Wahrheit.
d Nein, ich habe meine Mutter besucht.
e Nein, ich bin zum ersten Mal hier.
f Nein, ich mag keinen Alkohol.

10 **Grammatikfehler** Welcher Satz ist richtig? Kreuzen Sie an.

1. a Toni arbeitet an der Polizei. ☐
b Toni arbeitet bei der Polizei. ☐

2. a Toni trinkt gerne einen Bier. ☐
b Toni trinkt gerne ein Bier. ☐

3. a Katja hilft dem Kommissar. ☐
b Katja helfen dem Kommissar. ☐

4. a Katja kennt vielen Leute. ☐
b Katja kennt viele Leute. ☐

5. a Katja mag Tiere. ☐
b Katja mögen Tiere. ☐

6. a Katja und Toni duzen ihm. ☐
b Katja und Toni duzen sich. ☐

Lösungen

Tödliches Geheimnis

1 1. das Bier, der Schnaps 2. das Messer, die Pistole 3. der Fernseher, die Zeitung 4. der Kommissar, die Spurensicherung
2 1. will 2. darf 3. darf 4. wollen
3 1. einen 2. meiner 3. einen
4 1. falsch 2. richtig 3. falsch
5 1. Ich gebe dir einen Tipp. 2. Du hast doch den Computer von Richter Vogt mitgenommen. 3. Sieh dir mal die privaten Fotos an.
6 1. „Bringen Sie Frau Vogt zu ihrer Mutter." 2. „Bringen Sie das Geld mit." 3. „Suchen Sie nach einem Motiv." 4. „Nehmen Sie mir meinen Mann nicht weg."
7 1. Er ist in das Haus gegangen. 2. Er hat nicht in dem Haus gewohnt. 3. Er hat seinen Freund besucht.
8 1. Wo, Im 2. Wohin, Zu ihrer 3. Wohin, In den 4. Wo, In der 5. Wohin, In die
9 1. quatscht 2. bezahlt 3. herausfinden 4. durchsucht 5. erschießt

Kleine und große Fische

1 1. schmaler 2. länger 3. kleiner 4. größer 5. breiter
2 1. Hast 2. fahre 3. habe 4. kommst 5. weiß
3 1. mit 2. bei 3. In 4. im 5. auf
4 1. a 2. c 3. b 4. a
5 1. c 2. a 3. b 4. d 5. f 6. e
6 1. Welches 2. Welcher 3. Welchen 4. Welchen 5. Welche 6. Welcher
7 1. Verbrecher 2. alles 3. Blumentopf 4. Werkstatt 5. Falschgeld
8 1. abgemeldet 2. aufgegeben 3. angeboten 4. angerufen 5. angesehen
9 1. Blumentopf 2. Fabrikhalle 3. Kellertür 4. Kleinanzeige 5. Osteuropa 6. Tageszeitung

Blutige Rache

1 1. Ferienhaus 2. Fußweg 3. Parkhaus 4. Unfallfahrer 5. Videoaufzeichnung 6. Wohnungsschlüssel
2 1. abgehauen 2. herausfinden 3. löscht 4. füttern 5. geschmeckt 6. geklärt
3 1. Am 2. vor 3. Im 4. zum 5. Zu 6. im
4 1. r 2. f 3. f 4. r 5. r 6. f
5 1. f 2. c 3. e 4. d 5. a 6. b
6 1. mir 2. mich 3. mir 4. mir 5. mich 6. mir
7 1. hat 2. ahnt 3. aufbrechen 4. kümmern 5. finden 6. setzen ab
8 1. zur 2. zum 3. – 4. – 5. ins 6. –
9 1. Kannst, muss 2. Wollen 3. muss, Kannst 4. kann
10 1. Roland 2. Eddie 3. Toni 4. Toni

Abschlusstest

1 1. Wann 2. Wie lange 3. Was 4. Woher 5. Wie
2 1. Hast vergessen 2. habe gearbeitet 3. hast gemacht 4. habe gelöst 5. Hast gefunden 6. haben erwischt
3 1. um 2. bei 3. mit 4. vor
4 1. die Fälle 2. die Keller 3. die Verstecke 4. die Lieferungen 5. die Tipps 6. die Gefängnisse
5 1. ihrer 2. seinem 3. meine 4. deine 5. dein 6. seine
6 1. schwierig 2. gefährlich 3. unsichtbar 4. blutig 5. schriftlich 6. lebendig
7 1. keinen 2. nichts 3. keinen 4. keine 5. nichts
8 1. weckt 2. quatscht 3. vergisst 4. durchsucht 5. findet
9 1. e 2. f 3. d 4. b 5. a 6. c
10 1. b 2. b 3. a 4. b 5. a 6. b

Glossar

↯	= umgangssprachlich	etw.	= etwas
m	= maskulin	jd.	= jemand
f	= feminin	jm.	= jemandem
n	= neutral	jn.	= jemanden
pl	= Plural		

abhauen – weglaufen, wegfahren

abholen – zu der Stelle kommen, wo jd. ist, und gemeinsam weggehen

abmelden – mitteilen, dass man etwas (hier ein Auto) nicht mehr benutzt

absagen – mitteilen, dass man selbst oder eine Person nicht kommt

***es auf jn.* absehen** – jn. oder etwas für sich haben wollen

ahnen – nicht wissen, aber vermuten

anbeißen – *hier:* Interesse, Aufmerksamkeit entwickeln

Angst *f* – unangenehmes Gefühl, dass jd. oder etw. in Gefahr ist

↯ **Anschiss *m*** – Mitteilung, dass man nicht zufrieden ist

Arbeitszimmer *n* – Zimmer in einer Wohnung oder in einem Haus, das als Büro genutzt wird

auf einmal – *hier:* in einer Lieferung

auf frischer Tat – genau in dem Moment, in dem jd. etwas (Illegales) tut

aufbrechen – mit Gewalt öffnen

aufschließen – mit einem Schlüssel öffnen

auftauchen – an einem Ort sichtbar werden, erscheinen

Bande *f* – Gruppe von Verbrechern

Bart *m* – Haare, die bei Männern im Gesicht wachsen

Baujahr *n* – Jahr, in dem etwas (hier: ein Auto) hergestellt wurde

bereit – fertig, um etwas tun zu können

↯ **bescheißen** – betrügen, täuschen

***etwas* besorgen** – etwas tun, damit man etwas bekommt

besorgt – voller Unruhe und Angst

Beweis *m* – Sache, die zeigt, dass etwas richtig und wahr ist

***etwas* beweisen** – genau wissen, dass etwas so passiert ist oder so richtig ist, und auch einen klaren Hinweis dafür haben

bezahlen – *hier:* etwas Unangenehmes als Konsequenz erleben

bingo	Ausruf, der ausdrückt, dass etwas genau nach Wunsch eingetreten ist
Blumentopf *m*	Gefäß, in dem Pflanzen wachsen
↯ **Blüten** *pl*	gefälschte, nicht echte Geldscheine
***jn. zu etw.* bringen**	der Grund, die Ursache für das Verhalten von einer Person sein
Chance *f*	Aussicht auf Erfolg
Chemie *f (kein pl)*	eine Naturwissenschaft
Dauerparker *m*	Person, die regelmäßig an einem Ort parkt
Deckel *m*	siehe Infokasten auf S. 21
↯ **die Nase voll haben**	nicht mehr wollen, keine Lust mehr haben
Doppelmord *m*	das absichtliche Töten von zwei Personen
dringend	eilig
drinnen	in einem Raum oder Gebäude
Droge *f*	Substanz, von der man abhängig werden kann
drucken	Text oder Bilder mit Farbe auf Papier bringen
durchsuchen	in einem bestimmten Bereich gründlich suchen
duzen	siehe Infokasten auf S. 22
Eifersucht *f*	Gefühl, wenn man die Liebe einer Person nicht mit anderen teilen will
eigentlich	kann in Fragesätzen Interesse oder Ärger ausdrücken
eindeutig	klar, deutlich
Einfamilienhaus *n*	Haus, in dem nur eine Familie (oder eine Gemeinschaft von mehreren Personen) lebt
entwischen	fliehen
Erlaubnis *f*	Genehmigung; bestätigt, dass man etwas machen darf
erschießen	mit einer Schusswaffe töten
exportieren	eine Ware ins Ausland bringen
Fahrzeugschein *m*	Dokument, das zu einem Auto gehört
Fall *m*	Angelegenheit (z. B. von der Polizei oder von der Justiz)
Falle *f*	*hier:* ein Plan, um jn. zu fangen
Falschgeld *n*	nicht echtes, illegal nachgemachtes Geld
Fehler *m*	etwas, das falsch ist
Feierabend *m*	die Freizeit nach der Arbeit
Ferienhaus *n*	Haus, in dem man seine Ferien verbringt
***etwas an jm.* finden**	etwas an jm. mögen
↯ **flott**	schnell, aber auch lebenslustig oder attraktiv
Friedhof *m*	Ort, an dem tote Menschen begraben werden, also in der Erde liegen
fühlen	durch Berühren feststellen, bemerken

Führerschein *m* — Dokument, das jm. erlaubt, ein bestimmtes Fahrzeug zu fahren

♮ **Fünfziger** *m* — 50-Euro-Schein

füttern — einem Tier Essen und Trinken geben

Gebäude *n* — Haus oder anderer großer Bau

gefährlich — nicht sicher

Gefängnis *n* — Gebäude, in dem Verbrecher festgehalten werden

geklärt — so, dass die Lösung gefunden ist

gelaunt sein — in einer Stimmung sein

Geld waschen — illegal verdientes Geld in einem anderen, legalen Geschäft anlegen

Geräusch *n* — etwas, das man hören kann

Gewinn machen — Geld verdienen, wenn man etwas verkauft

gewinnen — *hier:* erreichen, bekommen

große Fische — *hier:* die Drogenhändler im Hintergrund

Güterbahnhof *m* — Bahnhof, an dem Transportzüge be- und entladen werden

Halle *f* — großer, hoher Raum

Händler *m* — Person, die Waren kauft und verkauft

mit **Handschlag** — sich die Hände geben, um eine mündliche Vereinbarung gültig zu machen

Harz *m* — Mittelgebirge in Niedersachsen, Sachsen-Anhalt und Thüringen

Hausschlüssel *m* — Gegenstand, mit dem man die Haustür öffnet

herausfinden — entdecken

Hilfe *f* — Tätigkeit, mit der man jm. hilft, jn. unterstützt

hinter Gitter — ins Gefängnis

hinter jm. her sein — jn. fangen wollen

Hintergrund *m* — entfernter, hinterer Teil von dem, was man sieht

♮ **Idiot** *m* — Schimpfwort, Person, die sich dumm verhält

interessant — so, dass es neugierig macht oder Aufmerksamkeit erregt

Interessent/ Interessentin *m, f* — Person, die sich für eine bestimmte Sache interessiert, die diese Sache haben will

jagen — verfolgen

Katalog *m* — Liste, in der man etwas nachsehen kann

Kater *m* — männliche Katze

keine Ahnung haben — nicht wissen

Keller *m* — Hausteil, der unter dem Erdgeschoss liegt

♮ **klappen** — funktionieren

eine **Kleinanzeige aufgeben** — eine kurze Mitteilung z. B. in der Zeitung drucken lassen

♮ **Knast** *m* — Gefängnis

Kneipenquiz *n* — Spiel mit Fragen und Antworten, das von allen Gästen zusammen in einer Kneipe gespielt wird

komisch	*hier:* seltsam
Kontaktmann *m*	Mann, mit dem man eine Verbindung hat
Kontoauszug *m*	Liste über das Geld, das auf ein Konto kommt oder von einem Konto geht
krank	nicht gesund
Krankenhaus *n*	Gebäude, in dem kranke Menschen behandelt werden
Kurve *f*	Stelle, an der eine Straße einen Bogen macht
Lager *n*	Platz zum Übernachten
lebendig	Gegenteil von tot
Leiche *f*	Körper von einem toten Menschen
Leute *pl*	Menschen
liefern	(eine Ware) bringen
Lieferung *f*	Ware, die gebracht wird
Linkshänder/Linkshänderin *m, f*	Person, bei der die linke Hand stärker ist als die rechte
Liste *f*	schriftliche Aufstellung, kurzer Katalog
löschen	entfernen
massenhaft	in sehr großer Menge
***etwas* merken**	etwas bemerken, auf etwas aufmerksam werden
Messer *n*	Werkzeug zum Schneiden
mindestens	nicht weniger als
♮ **Mist** *m (kein pl)*	wertlose, schlechte Dinge
Mörder/Mörderin *m, f*	Person, die jn. umgebracht, getötet hat
Motiv *n*	Grund, Ursache
Nachbar/Nachbarin *m, f*	Person, die neben einer anderen Person oder ganz in der Nähe wohnt
Niete *f*	Los, das keinen Gewinn bringt
Nummernschild *n*	siehe Infokasten auf S. 46
Parkhaus *n*	Gebäude, in dem mehrere Fahrzeuge parken können
passen	genau richtig sein
Pfadfindergruppe *f*	Jugendgruppe. Pfadfinder gibt es in der ganzen Welt.
Pistole *f*	kurze Waffe zum Schießen
Plan *m*	etwas, das man machen möchte
plötzlich	schnell und unerwartet
Presse *f (kein pl)*	Überbegriff für gedruckte Medien (Zeitungen, Zeitschriften, Magazine) und ihre Mitarbeiter
pro	für, je
prüfen	kontrollieren, genau untersuchen
♮ **quatschen**	reden, sich unterhalten
raus	kurz für heraus
Rechner *m*	Computer
Rechtsanwalt/Rechtsanwältin *m, f*	Person, die jn. in rechtlichen Fragen berät
regelmäßig	so, dass es immer wieder zur gleichen Zeit passiert
Revier *n*	Gebäude, in dem die Polizei arbeitet
Richter/Richterin *m, f*	Person, die in einem Prozess vor Gericht entscheidet
♮ **Scheiß** *m (kein pl)*	*hier:* Fehler

schmal nicht breit

Schmuck *m (kein pl)* Überbegriff für Gegenstände, die zur Verschönerung am Körper getragen werden, z. B. Ketten und Ringe

Schnaps *m* Getränk mit hohem Alkoholanteil

Schranke *f* Stange, mit der etwas abgesperrt wird

Schuld *f (kein pl)* *hier:* Verantwortung, Ursache von etwas Negativem

Schulden *pl* Geld, das man jm. zahlen muss

schwanger wenn man ein Kind erwartet

↯ **Schwein** *hier:* Schimpfwort

seitdem seit einem bestimmten Moment, von diesem Moment an bis jetzt

Selbstmord *m* das absichtliche Töten der eigenen Person

sich absetzen eine Gruppe verlassen

sich auswirken eine Wirkung haben auf etwas, etwas verändern

sich kümmern um dafür sorgen, dass etwas passiert

sich rächen etwas Negatives tun, um jm. zu schaden, der einem selbst geschadet hat

sich verstecken an einen Ort gehen, an dem man nicht gesehen werden kann

Sicherheitstechnik *f* *hier:* Raum, in dem Technik (hier: Computer) gelagert wird

Sorge *f* Gefühl der Unruhe und Angst

spielsüchtig so, dass man unbedingt (um Geld) spielen will

Spurensicherung *f (kein pl)* Abteilung bei der Polizei, die Spuren findet, untersucht und dokumentiert

stark kräftig

stecken *hier:* sein, sich aufhalten

sterben aufhören zu leben

Stock *m* Etage, die höher liegt als das Erdgeschoss

Stoff *m* *hier:* Drogen

Strafe *f* Reaktion auf verbotenes Verhalten

Streit *m* ernste Differenz, z. B. zwischen Personen

Teamarbeit *f (ohne pl)* eine Arbeit, die mehrere Personen zusammen im Team machen

Tipp *m* Hinweis, Rat

Tote *m, f* Person, die gestorben ist

TÜV *m* siehe Infokasten auf S. 47

↯ **Typ** *m* *hier:* Person

überprüfen kontrollieren

umbringen töten

Unbefugten ist das Betreten verboten Hinweis, der sagt, dass man einen Ort nur mit einer Erlaubnis betreten darf

Unfall *m* nicht geplantes Ereignis, bei dem jd. verletzt oder getötet wurde

Unfallfahrer/Unfallfahrerin *m, f* Person, die mit einem Fahrzeug einen Unfall gemacht hat

Unterschied *m* wenn zwei Dinge nicht gleich sind, verschieden sind

Urteil *n* Entscheidung in einem Prozess vor Gericht

Verbrecher *m* jd., der etwas Verbotenes tut

verdienen eine positive Reaktion zu Recht bekommen

vergessen sich etwas nicht mehr merken

verhaften jn. so festhalten, dass er nicht mehr entscheiden kann, wohin er geht; ins Gefängnis bringen

Verstärkung *f* Unterstützung, Hilfe

Versteck *n* Ort, an dem man oder etwas nicht gesehen wird

verstehen so denken und fühlen wie jd. anderes

Vertrag *m* schriftliche Vereinbarung, die eine bestimmte Sache gültig regelt

***etwas* vertragen** etwas aushalten

Videoaufzeichnung *f* Film, der Bilder von Ereignissen speichert, also für später festhält

videoüberwacht so, dass an einem anderen Ort gesehen werden kann, was passiert (und die Bilder gespeichert werden)

Vorteil *m* günstiger Umstand, der jm. oder einer Sache nützlich ist

Waffe *f* Gerät zum Kämpfen

wahrscheinlich ziemlich gewiss, fast sicher

Ware *f* Gegenstände oder Materialien, die verkauft und gekauft werden

wecken eine Person, die schläft, wach machen

wegnehmen nehmen, was ein anderer hat

ϟ **Weichei** *n* schwacher, defensiver Mensch

Werkstatt *f* Arbeitsraum von Handwerkern

wiedererkennen etwas, was man vorher schon gesehen hat, wiedersehen

Wiese *f* größere Fläche, auf der Gras wächst

wieso warum

Wildemann *(ohne Artikel)* Stadt im Oberharz

Zelt *n* kleines Haus aus Stoff, besonders beim Camping

Zeug *n (kein pl)* nicht genau bestimmtes Material, verschiedene nicht genau bestimmte Gegenstände

zusammenfassen etwas mit wenigen Worten wiederholen

Zutat *f* Substanz, die man z. B. beim Kochen oder Backen dazutut

Spannend Sprachen lernen

Kriminell gut

ISBN 978-3-8174-1868-8

Lernlektüren für Anfänger

‹ Spannende Krimistorys mit zahlreichen Übungen

‹ Vokabel- und Infokästen direkt auf der Seite

‹ Durchgehende Geschichte oder drei Kurzkrimis

Spannendes Hörerlebnis

Audio-CD mit Begleitbuch ›

Gelesen von Muttersprachlern ›

Inklusive Übungen und Vokabelangaben ›

ISBN 978-3-8174-9947-2

ISBN 978-3-8174-9561-0

Kriminell guter Rätselspaß

‹ Mini-Krimis mit Sprachrätseln

‹ Lösungen und Vokabelangaben auf der Rückseite

‹ Zahlreiche Illustrationen

www.lernkrimi.de | www.compactverlag.de